W0372125

29,80

€ 3,50

EDITION

HERDER

Gautama Buddha

DAS HOHE LIED DER WAHRHEIT

Dhammapada

Herder
Freiburg · Basel · Wien

Übertragen von Hans Much

Edition Herder
Erste Auflage 1992
© Verlag Herder Freiburg im Breisgau 1992

Alle Rechte vorbehalten - Printed in Germany
Reproduktionen: Scan-Studio Hofmann GmbH, Freiburg
Herstellung: Freiburger Graphische Betriebe 1992
ISBN 3-451-22672-3

Inhalt

1. Kapitel

Zwillingsverse

1. Was uns trifft, entsprießt dem Denken,
geht aufs Denken stets zurück.
Was uns trifft, quillt aus dem Denken,
Denken regelt das Geschick.
Wenn wir, bösem Denken dienstbar,
Worte oder Taten schufen,
folgt das Leid dem Weltenlaufe
wie das Rad des Zugtiers Hufen.

2. Was uns trifft, entspringt dem Denken,
geht aufs Denken stets zurück.
Was uns trifft, quillt aus dem Denken,
Denken regelt das Geschick.

Wenn wir, reinem Denken dienstbar,
Worte schufen oder Taten,
folgt das Glück dem Weltenlaufe
und bleibt treu wie unser Schatten.

3. „Kränkung litt ich, erfuhr Unglimpf,
und man warf mich schmählich nieder.“
So gedenkend hegst den Haß du
und verlierst ihn niemals wieder.

4. „Kränkung litt ich, erfuhr Unglimpf,
und man warf mich schmählich nieder.“
Weise die Gedanken von dir,
und der Haß verläßt dich wieder.

5. Haß wird nie durch Haß bezwungen.
Ewige Weisheit, laß mich lehren:
Nicht-Haß nur bezwingt das Hassen,
haßlos kannst dem Haß du wehren.

6. Mancher Mensch mag nicht bedenken,
daß uns allen winkt das Ende;
wer denn dies bedenkt, dem schlichtet
aller Hader sich behende.

7. Wer nach Lust späht, ungezügelt,
ohne Maß beim Mahl und träge,
schwach an Kräften: den fällt Mara[1]
wie der Sturm das Baumgehege.

8. Lust nicht suchen, wohl sich zügeln,
Stärke und Vertrauen finden,
karg beim Mahl sein: also trotzt du
Mara, wie der Fels den Winden.

9. Wer das Mönchsgewand sich anlegt
noch im Schmutz des Sündenleides,
unwahrhaftig, ohne Selbstzucht,
ist nicht wert des gelben Kleides.

10. Doch wer von sich stieß die Sünde,
festhält an der Pflichten Bande,
wer die Zucht liebt und die Wahrheit,
der macht Ehre dem Gewande.

[1] Prinzip des Bösen; Versuchung

11. Wer das Wesen als Erscheinung
und Erscheinung sieht als Wesen,
dringt nie bis zum Kern der Wahrheit,
hat die falsche Bahn erlesen.

12. Wer Erscheinung als Erscheinung
und das Wesen sieht als Wesen,
dringt bis zu dem Kern der Wahrheit,
hat die rechte Bahn erlesen.

13. Wie der Regen strömend einbricht
in ein Haus, das schlecht bedacht ist,
dringt das Heer der Leidenschaften
in den Geist, der schlecht bewacht ist.

14. Wie der Regen niemals einbricht
in ein Haus, das wohl bedacht ist,
dringt kein Heer der Leidenschaften
in den Geist, der wohl bewacht ist.

15. Der Übeltäter trauert beide Male:
Die Trauer trifft ihn hier, die Trauer dorten.
Sieht er das Böse seines eignen Handelns,
begleitet ihn die Trauer allerorten.

16. Der reine Pilger freut sich beide Male:
Die Freude trifft ihn hier, die Freude dorten.
Sieht er die Reinheit seines eignen Handelns,
begleitet ihn die Freude allerorten.

17. Qual trifft den Übeltäter beide Male:
Hier wird ihm Qual, und Qual ersteht ihm dorten.
Ihn quält das Wort: „Ich war's, ich tat dies Böse."
Mehr Qual noch winkt an den verworfnen Orten.

18. Wer Gutes tut, ist freudig beide Male:
Hier wird ihm Freude, Freude wird ihm dorten.
Ihn freut das Wort: „Ich war's, ich tat dies Gute."
Mehr Freude winkt noch an den seligen Orten.

19. Die weise Worte viel und oft im Munde führen,
doch, schlaff im Handeln, den rechten Weg verfehlen,
werden nicht Glieder heiliger Gemeinschaft,
sind Hirten, die die Rinder andrer zählen.

20. Die auch nur wenig gute Worte meistern,
doch sicher stehn im Bannkreis heiliger Pflichten,
die, ganz gelöst von Haß und Gier und Irrwahn,
den freien Geist aufs höchste Wissen richten,
die hier nichts wollen, noch in andern Welten,
können als Glieder heiligen Kreises gelten.

2. Kapitel

Achtsamkeit

21. Leichtsinn führt zum Tor des Todes,
geht schon hier die Grabespfade;
Achtsamkeit geleitet selig
zum Unsterblichkeitsgestade.

22. Solche Kenntnis freut den Weisen,
und ihn freut das rechte Streben.
Ernstes Denken ist ihm Labsal,
Glück ist ihm ein heilig' Leben.

23. Scharfes Denken wird vom Weisen
stets gesucht und nie gemieden.
Und so geht er, stet im Ringen,
zu Nirwanas[2] seligem Frieden.

24. Recht' Gesinnung, kühnes Streben,
klares Denken, reine Taten,
Selbstzucht, Wandel nach der Lehre,
und dein Tun muß gut geraten.

25. Immer achtsam, streng gezügelt,
mannhaft durch sich selbst erzogen,
baut der Weise sich ein Eiland,
nie bedeckt vom Schwall der Wogen.

26. Toren in Gedankenträgheit
jagen, daß der Tand sie labe;
Achtsamkeit hegt ernst der Weise,
hegt sie als die größte Habe.

27. Niemand sei, der allzeit achtlos
und in Liebesbanden schmachtet.
Reiches Glück ist wachsam Denken,
Denken, das zur Tiefe trachtet.

---

[2] Völlige Ruhe, von Heiligen schon im Diesseits erreicht; gänzliches Auslöschen des Ichs, Erlösung vom Rad der Wiedergeburt

28. Weise dulden ernst und kraftvoll
nicht des Leichtsinns eitle Nähe,
steigen zu der Einsicht Warte,
sehn tief unten Leid und Wehe.
Lächelnd schaun sie auf die Menge
wie von ferner Bergeshöhe.

29. Achtsam unter Lässig-Leichten,
wachsam in der Schläfer Kreise:
Wie das Roß am Gaul vorbeifliegt,
läßt sie hinter sich der Weise.

30. Achtsamkeit verschaffte Indra
einst den Thron im Götterkreise.
Rühmlich ist das ernste Wachen,
schmählich ist des Leichtsinns Weise.

31. Ist dem Jünger Leichtsinn schrecklich,
ist die Achtsamkeit ihm teuer,
sprengt er groß und kleine Ketten,
glimmt er mählich aus wie Feuer.

32. Ist die Achtsamkeit ihm teuer,
ist ihm Leichtsinn leid und wehe,
geht er nimmermehr zugrunde,
weilt ja in Nirwanas Nähe.

3. Kapitel

Denken

33. Fest und grad wie einen Pfeilschaft
fügt der Weise die Gedanken.
Schwer zu zähmen ist das Denken,
hetzt stets fahrig, voller Schwanken.

34. Wie ein Fisch, dem Meer entrissen,
zittert auf den trocknen Landen,
zuckt das Denken, das sich abquält,
zu entfliehen Maras Banden.

35. Edel ist's, den Geist zu zähmen,
der so schwer im Joch zu lenken,
der sich stürzt auf alles. Höchste
Wonne bringt bezähmtes Denken.

36. Schwer ergründlich, groß in Künsten
schwelgt der Geist in den Gedanken.
Glück ist er allein dem Weisen,
der ihn achtsam hält in Schranken.

37. Körperfrei und tief verborgen
schweift der Geist zu fernen Stätten,
wandert einsam. Wer ihn zügelt,
sprengt zerreißend Maras Ketten.

38. Wenn dein Geist dich unstet umtreibt,
fern dem heiligen Gesetze,
wenn er voller Unrast flattert,
hebst du nie die Weisheitsschätze.

39. Wer sein Denken ernst gesammelt,
ledig allen Lustverlangens
jenseits weilt von Gut und Böse,
weilt auch jenseits allen Bangens.

40. Als Gefäß den Leib erkenne.
Mach' den Geist zur Burg und Wehre!
So wirst Mara du besiegen
mit der Einsicht starkem Speere.
Kneble den Besiegten, daß er
in die Burg nie wiederkehre!

41. Dein Bewußtsein wird, ach schneller
als du dachtest, bald versiegen
und der Leib gleich einem Holzstück
wertlos auf dem Boden liegen.

42. Was ein Hasser auch dem Hasser,
was ein Feind dem Feind bereitet,
schlimmern Schaden schaffst du selbst dir,
hast den Geist du falsch geleitet.

43. Nicht die Eltern, nicht die Freunde
können dich so treu bewahren
wie dein eigner Geist, der richtig
die Erkenntnisbahn gefahren.

4. KAPITEL

BLUMEN

44. Wer besiegt die Unterwelt, die
Erde samt dem Götterhause?
Wer sucht klare Wahrheitsworte,
wie man Blumen pflückt zum Strauße?

45. Wer ein Kämpfer, zwingt die Hölle
samt der Welt, dem Götterhause.
Sammelt klare Wahrheitsworte
wie man Blumen pflückt zum Strauße.

46. Sieh den Leib wie Schaum der Wellen,
wie die Spiegelung der Lüfte!
Knicke Maras Blumenpfeile,
fliehe vor dem Herrn der Grüfte!

47. Wer an Weltlust hängt, pflückt Blumen;
doch der Tod ergreift ihn schnelle,
wie ein schlafend Dorf die Sturmflut
rafft er flugs ihn von der Stelle.

48. Wer an Weltlust hängt, pflückt Blumen;
doch des Todes schnelles Wüten
rafft hinweg den Blumensucher
ungestillt im Meer der Blüten.

49. Wie die Biene Duft und Farbe
an der Blume selbst nicht leise
schädigt, nur vom Honig nippend,
wandle in der Welt der Weise.

50. Achte nicht auf fremde Fehler,
nicht auf fremdes Tun und Lassen!
Eigne Tat und eigne Säumnis
mußt du fest ins Auge fassen.

51. Kluge Rede, der nicht Tat folgt,
wird dir ohne Früchte darben,
ist wie eine Wunderblume,
ohne Duft, nur reich an Farben.

52. Kluge Rede, der die Tat folgt,
wird nicht ohne Früchte darben,
ist wie eine Wunderblume
reich an Duft und reich an Farben.

53. Wie aus einem Blumenhaufen
viele Kränze sind zu flechten,
kann, wer sterblich ist geboren,
viel im Guten tun, im Rechten.

54. Blütenduft, Jasmin und Sandel
können nicht windan sich breiten;
Duft des Guten trotzt dem Sturme,
strömt und zieht nach allen Seiten.

55. Schön ist Sandel- und Jasminduft,
schön des Lotos zarte Jugend,
schön sind Blütenwohlgerüche.
Schönster Duft ist Duft der Tugend.

56. Wenig wert sind alle Düfte,
die von Blumenkelchen wehen;
hehr ist nur der Duft der Tugend,
steigt selbst zu den lichten Höhen.

57. Wer da Wachsamkeit mit strenger
Sitte weislich kann verbinden,
der wird frei durch die Erkenntnis.
Mara wird ihn nicht mehr finden.

58. Wie von einem Kehrichthaufen
in der Straße faule Lüfte
sich ein Lotos frei emporhebt
voller Schönheit, voller Düfte,

59. also unterm Volk der Blinden,
das die Sünden tief umnachten,
hell im Lichte der Erkenntnis
strahlt der Jünger des Erwachten.

5. Kapitel

Der Tor

60. Lange währt die Nacht dem Wachen,
lang der Weg dem Wandermüden.
Lange wandert durch die Welten,
wem Erkenntnis nicht beschieden.

61. Triffst du auf dem Weg nicht gleiche
oder bessere Genossen,
geh allein! Es nutzt sich niemand,
der sich Toren angeschlossen.

62. „Mein sind Geld und Kind", denkt Torheit -
und die Sorgen nimmer schweigen.
Dein das Geld? Und dein die Kinder?
Bist du selbst doch nicht dein eigen!

63. Sieht ein Tor die eigne Torheit,
kann er noch für weise gelten;
hält ein Tor sich gar für weise,
ist er recht ein Tor zu schelten.

64. Lebt ein Tor sein ganzes Leben
in Gemeinschaft mit dem Weisen,
schmeckt er doch nicht mehr von Weisheit,
als der Löffel von den Speisen.

65. Lebt ein Kluger nur Minuten
in Gemeinschaft mit dem Weisen,
schmeckt er augenblicks die Weisheit,
wie die Zunge schmeckt die Speisen.

66. Übler Taten bittre Früchte
schmeckt die törichte Gemeinde.
Toren, ohne Rat und Einsicht,
sind sich selbst die schlimmsten Feinde.

67. Wohl getan sind nicht die Werke,
deren klagend wir gedenken,
die uns nur ein Aug' voll Tränen
und ein Herz voll Reue schenken.

68. Wohlgetan sind alle Werke,
deren heiter wir gedenken,
die uns Freude und Vertrauen
und ein Herz voll Ruhe schenken.

69. Hat sie noch nicht Frucht getragen,
hält der Tor die Tat für süße;
reift die Frucht des bösen Handelns,
bringt sie bittre Leidensgrüße.

70. Ist des Toren Fastenspeise
größer nicht als Grasesspitze,
hat kein Tausendstel er dennoch
von des Weisen Wertbesitze.

71. Nicht so schnell wie Milch geronnen,
folgt der Lohn dem bösen Handeln.
Glimmt wie Feuer in der Asche
und folgt nach dem schlimmen Wandeln.

72. Trägt die Tat zum Schluß die Früchte,
bringt sie bittre Leidenswellen
reißt des Glückes Trugbau nieder,
und die Toren - sie zerschellen.

73. Laß die Toren Ruhm erstreben,
sich um nichtigen Vorrang plagen.
Laß sie eitler Herrschaft Trug-
bild suchen, laß sie jagen!

74. „Meine Tat sei weit gepriesen,
mir die Geltung, mir die Ehre!
Mir die Herrschaft über alles,
was ich will und wem ich wehre!“,
denkt der Tor und läßt sich blindlings
hin zu Gier und Hochmut leiten.

75. „Eine Straße führt zum Reichtum,
voller Hasten, voller Trachten;
eine andre zum Nirwana“,
weiß der Jünger des Erwachten.
Freut sich nicht der eiteln Ehre,
lebt dem Glück der Einsamkeiten.

6. Kapitel

Der Weise

76\. Wie nach einem Schatzeskundigen
sollst du nach dem Weisen spähen.
Er wird dich mit Einsicht tadeln,
deine Fehler recht verstehen.
Harre aus bei ihm! Es wird dir
besser stets, nie schlechter gehen.

77\. Mahnen soll er und verhindern,
was an Pflichten unterbliebe.
Nur der Schlechte zeigt ihm Mißgunst;
jeder Gute zeigt ihm Liebe.

78. Wähle Schlechte nie zu Freunden,
nie zu Freunden die Gemeinen.
Suche dich in edler Freundschaft
mit den Besten zu vereinen!

79. An dem Born der Wahrheit ruht sich's
glücklich, heiter, ohne Schwere.
Immerdar erfreut den Weisen
edler Meister edle Lehre.

80. Brunnenbauer leiten Wasser,
Zimmrer richten das Gehäuse,
rechte Pfeile biegt der Pfeilschmied,
und sein Ich bezwingt der Weise.

81. Gleich wie hartes Felsgesteine
von dem Winde nicht bewegt wird,
lebt der Weise, der von Lob und
Tadel nimmermehr erregt wird.

82. Klar im Dienste des Gesetzes
ist des Weisen heitrer Wille
Wie ein klarer, ungetrübter,
tiefer See bei Windesstille.

83. Gute wandeln steten Sinnes,
flehn und gieren nicht nach Freude.
Weise bleiben ohne Regung,
sei's im Glücke, sei's im Leide.

84. Wünsche Kinder dir und Reichtum
wegen deiner nicht noch andrer,
suche nicht Erfolg im Trüben,
weise und als rechter Wandrer.

85. Wie die Menschen an dem Ufer
diesseits auf und nieder hetzen!
Wahrlich, wenige nur sind es,
die ans andre Ufer setzen.

86. Wer der heiligen Fährte treu bleibt,
wird ans andre Ufer kommen.
Nur mit schwerster Mühe wird die
Strömung der Natur durchschwommen.

87. Weisen ziemt es, aus dem Dunkel
fliehend sich zum Licht zu wenden,
ziemt die einsam-stille Stätte,
wo die Freuden scheinbar enden.

88. Fern von Gier und Leidenschaften,
von der Sinne Lustbegehren,
glüht er aus dort alle Triebe
seines Geistes, die ihn zehren.

89. Die im Geist gestählt und mächtig
fanden höchster Weisheit Frieden,
die in Seligkeit erstrahlen,
allen Wünschen abgeschieden,
keinem Einfluß mehr erreichbar,
sind erloschen schon hienieden.

7. Kapitel

Der Heilsuchende

90. Wer der Wandrung Ziel erreicht hat,
leidensfrei, nach langem Wallen,
frei steht er nach allen Seiten,
alle Fesseln sind gefallen.

91. Wahrheit ahnend, Hauslast müde,
ledig aller Mühn Beschwerde,
Schwänen gleich, die fort vom Sumpf ziehn,
zieht er fort von Heim und Herde.

92. Die von rechter Nahrung leben,
an kein Eigentum sich binden,
in der unfaßbaren Leere
ihre hehre Heimat finden,
deren Weg ist schwer wie Vogel-
pfad in Lüften zu ergründen.

93. Die befreit von allem Einfluß
nicht an den Genuß sich binden,
in der unfaßbaren Leere
ihre hehre Heimat finden,
deren Weg ist schwer wie Vogel-
pfad in Lüften zu ergründen.

94. Wer seine Sinne sanft zur Ruh beschwichtigt
wie Rosse, die im Zaum gezähmt der Lenker,
wird von den lichten Wesen selbst beneidet:
Der so von Stolz wie Einfluß freie Denker.

95. Duldsam wie die Schwelle, duldsam
wie die Erde allem Handeln,
wie ein See, vom Schlamm gereinigt,
er ist frei vom ewigen Wandeln.

96. Ruhsam ist ihr Denken, ruhsam
ist ihr Reden und ihr Handeln,
die in Weisheit ganz erlöst sind
und den Weg des Friedens wandeln.

97. Wer den bloßen Glauben ablehnt,
wer das Ewige selbst gefunden,
wer die Brücken abgebrochen
und von allem ist entbunden,
ist der größte aller Helden,
er, dem jeder Wunsch geschwunden.

98. Sei es Dorf, sei's Waldesdickicht,
Täler oder Bergeskronen,
wunderlieblich ist die Stätte,
die die Heiligen bewohnen.

99. Wo die Menge scheu sich fern hält,
freuen sich die Gierbefreiten;
lüstelose Freude bieten
stille Waldeseinsamkeiten.

8. Kapitel

Tausende

100. Besser als in tausend Reden
Worte ohne Sinn verschwendet,
ist ein Wort voll tiefen Sinnes,
das dem Hörer Frieden spendet.

101. Besser als in tausend Liedern
Worte ohne Sinn verschwendet,
ist ein Wort voll tiefen Sinnes,
das dem Hörer Frieden spendet.

102. Ob ein Sänger hundert Lieder
sinnlos in die Lüfte sendet,
besser ist ein Wort der Wahrheit,
das dem Hörer Frieden spendet.

103. Magst du in der Schlacht besiegen
tausendmal zehntausend Krieger,
wer das eigne Ich bezwungen,
ist der größte Held und Sieger.

104. Besser ist's, das eigne Ich zu
105. zwingen, als die Welt zu beugen.
Nicht der höchste Gott, nicht Mara,
nicht des Lichtes reinste Zeugen
können je den Sieg vereiteln
dessen, der sich selbst besiegte,
der den Geist in strenge Fesseln,
und in straffe Zügel fügte.

106. Bringst du jeden Monat tausend
Opfer auch in hundert Jahren,
Höheres wirkt ein Blick der Ehrfurcht
vor dem Heiligen, Einsichtsklaren.

107. Bringst du auch dem Feuer Opfer,
Tag um Tag, in hundert Jahren,
Höheres wirkt ein Blick der Ehrfurcht
vor dem Heiligen, Einsichtsklaren.

108. Was das ganze Jahr du opferst,
daß zu dir das Glück du wendest,
ist ein Viertel nicht des Grußes,
den du gern dem Edlen spendest.

109. Wen es freut, Gruß und Verehrung
den Gereiften gern zu geben,
wird sich reiches Gut erwirken,
Kraft und Schönheit, Glück und Leben.

110. Besser ist, als ein Jahrhundert
in des Leichtsinns üppigen Ranken,
schon ein einziger Tag in Tugend
und in suchenden Gedanken.

111. Ein Jahrhundert ohne Weisheit
wirr durchrannt, macht dich zunichte.
Doch ein Tag erhebt dich, strahlt er
in des Denkens reinem Lichte.

112. Besser ist, als ein Jahrhundert
in Genusses träger Lähmung,
schon ein Tag voll Müh und Streben
nach des Geistes Kraft und Zähmung.

113. Ein Jahrhundert leben und nicht
schaun Entstehen und Vergehen:
Besser ist ein Tag Erkenntnis,
um den Wellengang zu sehen.

114. Ein Jahrhundert leben und das
todesfreie Reich nicht sehen:
Besser ist ein Tag Erkenntnis,
und das Ewige erspähen.

115. Ein Jahrhundert leben und die
höchste Wahrheit nimmer sehen:
Besser ist ein Tag Erkenntnis,
und das höchste Ziel erspähen.

9. Kapitel

Das Böse

116. Schnell zum Guten! Vor dem Bösen
halte deinen Geist verschlossen!
Du erfreust dich schon am Bösen,
tust das Gute du verdrossen.

117. Ist dir böses Werk geraten,
laß vom nächsten Geist und Hände,
daß nicht wächst die Lust am Bösen!
Leid ist alles Bösen Ende.

118. Ist dir gutes Werk geraten,
laß vom nächsten nicht die Hände,
daß die Freude wächst am Guten!
Glück ist alles Guten Ende.

119. Glück schaut auch, wer Böses säte,
hat es noch nicht Frucht getragen.
Naht die Zeit der Ernte, wird sie
böses Ende ihm eintragen.

120. Leid schaut auch, wer Gutes säte,
hat es noch nicht Frucht getragen.
Naht die Zeit der Ernte, wird sie
gutes Ende ihm eintragen.

121. Denke nicht gering vom Bösen:
„Es vergeht, verrinnt im Stillen."
Steter Tropfen füllt den Krug auch.
Hemme allen bösen Willen!
Sonst wirst du, betört, mit Bösem
nach und nach dich ganz erfüllen.

122. Denke nicht gering vom Guten:
„Es vergeht, verrinnt im Stillen."
Steter Tropfen füllt den Krug auch.
Hemme nicht den guten Willen!
Und mit Gutem wirst du, weise,
nach und nach dich ganz erfüllen.

123. Meide Böses wie ein Kaufmann
schatzbeladen Räuberklüfte,
wie ein Freund des langen Lebens
meidet tödlich-starke Gifte!

124. Ist die Hand dir unverwundet,
wird sie nicht das Gift verspüren;
bist du rein von Schuld und Sünde,
kann kein Übel dich berühren.

125. Kränkung einer reinen Seele
bringt dem Kränker keinen Segen,
fällt auf ihn zurück wie Kehricht,
wirfst du ihn dem Wind entgegen.

126. Manche werden wieder Menschen;
niedere Welten sind beschieden
Sündern; Gute gehn zum Lichte,
Reizbefreite in den Frieden.

127. Nicht in Lüften, nicht im Meere,
nicht auf schroffen Bergeshöhen,
nirgends kannst du in dem Weltall
deiner bösen Tat entgehen.

128. Nicht in Lüften, nicht im Meere,
nicht auf schroffen Bergeshöhen,
nirgends ein Versteck im Weltall,
wo nicht Todesbanner wehen.

10. Kapitel

Die Strafe

129. Alle Wesen scheun Bedrückung,
bangen vor des Todes Nöten.
Gleich wie du ist jedes Wesen!
Töte nicht und laß nicht töten!

130. Alle Wesen scheun Bedrückung,
alle um das Leben beten,
gleich wie du ist auch der andre!
Töte nicht und laß nicht töten!

131. Alle Wesen wollen Freude.
Läßt du sie Gewalttat spüren,
um dein eignes Wohl zu mehren,
wirst im Tod kein Glück du küren.

132. Alle Wesen wollen Freude.
Laß sie nicht Gewalttat spüren,
um dein eignes Wohl zu mehren,
und im Tod wirst Glück du küren.

133. Niemals schroff sein! Harte Worte
machen harte Antwort rege.
Schmerz entfacht das Zorn- und Zankwort.
Schlägen folgen Gegenschläge.

134. Bringt kein Schlag dich mehr zum Tönen,
gleich der Glocke, die zersprungen,
hast Nirwana du gefunden,
Haß und Hader sind bezwungen.

135. Wie der Hirte mit dem Stecken
seine Herde treibt zur Hürde,
treibt der Tod des Menschen Leben,
mit ihm treibt des Alters Bürde.

136. Tut auch achtlos wohl das Böse
manch ein Tor und Ungetreuer,
brennen wird ihn einst die Fehltat,
gleich als brennt ihn zehrend Feuer.

137. Wer die Unschuld roh mißhandelt
und bedrückt wehrlose andre,
wird sich einen Zustand zuziehn
aus zehnfacher Leidensschande:

138. Herbe Schmerzen, schlimmes Siechtum,
Wahnsinn, arge Krankheitsplagen
und Verstümmelung des Leibes,
schwer belastendes Verklagen,

139. Unheil, das vom Herrscher ausgeht,
Untergang von Weib und Kindern,
Geld und Gut und Schätze werden
ihm verrinnen, ihm sich mindern.

140. Oder arge Feuersbrünste
machen Haus und Hof zuschanden.
Und der Tor wird nach dem Tode
in den Höllenwelten landen.

141. Nicht Askese, nicht Enthaltung,
Fasten, nicht noch Peinigungen
können Sterbliche entsühnen,
die das Gieren nicht bezwungen[3].

142. Lebe keusch, bezähmt, voll Friede
und allgütig ohne Gleißen,
sei immer rein, ein Kämpfer
bist du, bist Asket zu heißen.

143. Gibt es einen, dem hienieden
soviel Scheu am Herzen läge,
daß er jeden Anstoß meidet,
wie das Roß die Peitschenschläge?
Wie das Roß beim Schlag der Peitsche
strebt voran, strebt eifrig rege!

144. Vertrauensvoll und mutig, stark im Kampfe
erstrebe dir die Wahrheit durch Erkennen;
Zeuge das Wissen und den rechten Wandel!
So wirst vom Leid du dich besonnen trennen.

---

[3] Wörtlich:
Keine Askese: Fasten, Schmutz und Haartracht,
Schlaf auf der Erde, sich mit Kot beschmieren,
regloses Sitzen oder Nackendgehen
entsühnt den Menschen, der nicht frei vom Gieren.

145. Brunnenbauer leiten Wasser,
Zimmrer richten das Gehäuse,
rechte Pfeile biegt der Pfeilschmied,
und sein Ich bezwingt der Weise.

11. Kapitel

Das Alter

146. Laßt vom Lachen, da die Welten
lichterloh in Gluten stehen!
Wollt ihr aus dem finstern Tale
nicht das Heillicht suchen gehen?

147. Schau den Leib, bemalt, voll Wunden,
stolz getürmt wie eine Mauer,
aber siech und gierdurchschüttert,
ohne Halt und ohne Dauer!

148. Dieses Nest voll Krankheit bröckelt
stückweis, diese Fäulnismasse,
welk und matt vom Alter. Leben
endet in der Todesgasse.

149\. Taubengraue Knochen sind es.
Wie im Herbste Kürbisschalen
wirft man weg sie. Kann das Auge
da in Fröhlichkeit erstrahlen?

150\. Gleich wie eine Burg von Knochen,
übertüncht mit Fleisch und Blut.
Drinnen hausen Tod und Alter
mit dem Trug und Übermut.

151\. Es altern selbst des Königs schmucke Wagen
so auch der Leib muß in das Alter wandern.
Der Edlen Lehre aber ist voll Dauer;
der eine gibt sie weiter an den andern.

152\. Wer nach Weisheit nicht gestrebt hat,
altert wie die Ochsenherden:
Nur das Fleisch vermehrt sich. Einsicht
welkt und will nicht stärker werden.

153\. Von Geburten zu Geburten
bin ich hin und hergegangen,
nach dem Hauserbauer suchend,
habe Leid um Leid empfangen.

154. Jetzt bist, Bauherr, du gefunden!
Wirst das Haus nicht weiter bauen.
Sieh, der Hausfirst ist zerbrochen,
deine Balken sind zerhauen.
Die Vernichtung allen Wollens
darf der Geist nun ruhsam schauen.

155. Wer nicht heiligem Leben oblag,
noch gespart in Jugendzeiten,
siecht nun wie ein alter Reiher
an dem Teich, dem fischbefreiten.

156. Wer nicht heiligem Leben oblag,
noch gespart in Jugendzeiten,
liegt wie ein zerbrochner Bogen,
seufzt nach den Vergangenheiten.

12. Kapitel

Das Selbst

157. Ist dein eigen Selbst dir teuer,
mußt du es mit Eifer hegen,
mußt drei Stunden alle Nächte
tief und ernst Betrachtung pflegen.

158. Zwing' das eigne Selbst nur stetig
in des Guten rechte Gleise;
dann belehre du den andern.
So wahrt sich vor Leid der Weise.

159. Werde selbst, wie du die andern
gerne sähest. Mag's gelingen,
dann vielleicht bekehrst du andre.
Schwer ist's, selbst sich zu bezwingen.

160. Selber hilft das Selbst sich. Andrer
Helfer hat sich nie gefunden.
Bist dir selbst der beste Helfer,
hast dein Ich du überwunden.

161. Es zerreibt den Toren seine
eigne Fehltat ganz alleine,
die er selbst gezeugt, genährt hat,
wie Diamant zerreibt die Steine.

162. Schlechtigkeit schnürt wie Lianen,
bringt dich selbst zu solchem Ende,
wo dich nur dein schlimmster Gegner,
nur dein Feind dich gerne fände.

163. Böses Tun ist leichte Arbeit,
leicht ist's, seinem Selbst zu schaden.
Schwer zu tun ist, was uns heilsam,
schwer geht sich's auf guten Pfaden.

164. Wer die Lehren keck verachtet
der Erhabnen, Heilighehren,
die den rechten Pfad gewandelt,
wer ergeben falschen Lehren,
gleicht dem Katthaka[4]: er wird sich
selber böse Saat bescheren.

165. Durch dich selber bist du unrein,
selbst bist du des Bösen Quelle;
durch dich selber bist du lauter,
tust den Schmutz du von der Schwelle.
Selbst schaffst du dir Schmutz und Reinheit.
Keiner wirkt an deiner Stelle.

166. Laß nicht ab vom eignen Heile
ob des größten Heiles andrer.
Hast dein eigen Heim erkannt du,
streb ihm nach, ein starker Wandrer.

---

[4] Katappenbaum; stirbt ab, nachdem er Früchte trug

13. KAPITEL

DIE WELT

167. Kämpfe tapfer gegen Stumpfsinn!
Bösem Wege fernzubleiben,
folge keiner falschen Lehre.
Suche nie das eitle Treiben!

168. Bleibe standhaft und sei wachsam,
schreite fort in rechtem Streben.
Rechter Wandel läßt beglückt sein
jetzt und in dem nächsten Leben.

169. Wähle nicht die falschen Wege!
Bleibe treu dem rechten Streben!
Rechter Wandel läßt beglückt sein
jetzt und in dem nächsten Leben.

170. Blickst du auf die Welt herab wie
auf ein Spiegelbild der Lüfte,
wie auf Blasenschaum des Wassers,
sieht dich nicht der Herr der Grüfte.

171. Die Welt ist wie ein Königswagen,
- kommt und schaut nur! - bunt und bunter.
Die Welt tropft ab vom Geist des Weisen;
nur der Tor taucht in ihr unter.

172. Wer zuerst in Trägheit lebte,
dann sich ernst dem Pflichtruf beugte -
wie der Mond durchbricht die Wolken,
wird der Welt er eine Leuchte.

173. Wer sein vorher böses Wirken
hinterher durch gutes scheuchte -
wie der Mond durchbricht die Wolken,
wird der Welt er eine Leuchte.

174. Tiefes Dunkel hüllt das Erdreich,
wenige können es durchdringen,
und wie netzentflohene Vögel
sich in Himmelshöhen schwingen.

175. Gleich den Schwänen schweben Wunder-
mächtige in der Lüfte Schimmer;
Weise, rechte Todbesieger,
schweben aus der Welt für immer.

176. Der nur eine Pflicht verletzte,
gern weilt in den Lügengründen;
wer die andre Welt verspottet,
der ist fähig aller Sünden.

177. Weise freuen sich am Geben,
nur der Blinde mag es schelten.
Gerne spendend steigt der Weise,
nicht der Tor, zu lichten Welten.

178. Mehr als höchste Erdenherrschaft,
als des Himmels hehre Weile,
als die Herrschaft aller Welten
ist der erste Schritt zum Heile.

14. Kapitel

Der Buddha

179. Ihn, der als Sieger allzeit unbesiegbar,
dem seinen Sieg die höchsten Sieger lassen,
den Buddha, den Erkenner aller Dinge,
der unerfaßbar - sagt, wer will ihn fassen?

180. Ihn, der von Begier und deren Gift und Schlingen
sich jetzt und niemals wird verführen lassen,
den Buddha, den Erkenner aller Dinge,
der unerfaßbar - sagt, wer will ihn fassen?

181. Götter selbst beneiden Buddhas,
die voll Einsicht alle Zeiten
tiefversenkt als Weise rasten
in der Ruhe Einsamkeiten.

182. Schwer ist die Geburt zum Menschen,
schwer des Menschen Gang und Werde.
Schwer hört man die Wahrheit. Selten
kommt ein Buddha auf die Erde.

183. Gutes übe überall,
immerdar dem Bösen wehre!
Schaffe rein dir die Gedanken!
Das ist ewige Buddhalehre.

184. Geduld und Nachsicht sind so höchste Buße
wie höchstes Heil - heißt aller Buddhas Predigt.
Der ist fürwahr kein wahrer Buddhajünger
noch ein Asket, wer Andre kränkt und schädigt.

185. Streiten nicht und nicht verletzen,
stets die Ordenspflichten achten,
stets der Mäßigkeit beflissen,
einsam leben, tief betrachten,
ist zu allen Zeiten hehre,
reine Lehre der Erwachten.

186. Weise wissen: Das Begehren
sättigt selbst kein goldner Regen.
Fade schmecken die Genüsse,
leidvoll sind sie allerwegen.

187. Selbst die Himmelsfreuden locken
nicht sein Sehnen und sein Trachten:
Nur den Durst, den Drang zu tilgen,
freut den Jünger des Erwachten.

188. Allzeit späht der Mensch nach Zuflucht,
sich in seiner Angst zu bergen,
flieht zum Schutz der heiligen Haine,
flieht zu Wäldern und zu Bergen.

189. Wahrlich, das sind keine sichern,
nicht die besten Zufluchtsstätten,
weißt du keine höhere Zuflucht,
wirst du dich vorm Leid nicht retten.

190. Doch wer Zuflucht nimmt beim Buddha,
der Gemeinde und der Lehre,
die vier Wahrheiten, die edlen,
klar erkennt in ihrer Hehre,

191. klar begreift das große Leiden,
Leidentstehung, Leidvernichtung
und die edle Straße, die zum
Leidensende weist die Richtung,

192. wahrlich, der fand eine sichre,
fand die beste Zufluchtsstätte,
der braucht weiter nicht zu suchen,
wo er sich vom Leid errette.

193. Selten nur erscheint ein Großer
und erscheint nicht allerwegen.
Dem ein weiser Held entsprossen,
dem Geschlecht ward reicher Segen.

194. Wohl uns, daß erschienen Buddhas,
wohl uns, daß sie Wahrheit lehren,
Heil der Eintracht der Gemeinde,
wohl uns, wenn wir sie verehren.

195. Wer verehrt die hehren Buddhas
und den Jünger, dem verklungen
jeder Jammer, jeder Kummer,
der den Hang zur Welt bezwungen,

196. wer verehrt, die zu Nirwana
fanden furchterlöst die Straße,
sammelt einen Schatz des Heils sich
ohne Zahl und ohne Maße.

15. Kapitel

Glück

197. Ach, wie leben wir so glücklich
ohne Haß bei Haßerfüllten,
weilen jenseits aller Haßsucht
in dem Meer der Haßumhüllten.

198. Ach, wie leben wir so glücklich
ohne Krankheit unter Kranken,
weilen heil, indes die Menschen
krank und siech durchs Leben wanken.

199. Ach, wie leben wir so glücklich
gierlos unter Gierbetörten,
weilen frei von aller Giersucht
in dem Meer der Gierbeschwerten.

200. Ach, wie leben wir so glücklich,
die wir kein Besitztum kennen.
Wie Lichtwesen werden wir die
Freude unsre Speise nennen.

201. Aus dem Sieg wird Haß geboren,
der Besiegte lebt voll Klage.
Heil, in wem die Ruhe thront! Er
kennt nicht Sieg noch Niederlage.

202. Keine Glut gleicht der Begierde,
nichts sei wie der Haß gemieden.
Kein Schmerz gleicht dem Ichgetriebe,
und kein Glück erreicht den Frieden.

203. Hunger ist die schlimmste Krankheit;
schlimmstes Leid kommt durch die Sinne.
Höchste Wonne ist Nirwana,
wirst du solcher Wahrheit inne.

204. Beste Gabe ist Gesundheit;
Genügsamkeit ist Reichtums Sonne,
treuste Freundschaft ist Vertrauen,
und Nirwana höchste Wonne.

205. Wer den Wohlgeschmack der Ruhe
und der Einsamkeit gefunden,
schlürft der Wahrheit süßen Heiltrank,
ist von Fehl und Leid entbunden.

206. Herrlich ist des Edlen Anblick,
hehr das Glück an seiner Seite.
Kreuzt kein Tor dir deine Pfade,
bleibt das Glück dein Weggeleite.

207. Lange wird der Weg und mühsam
in der Toren Truggemeinde.
Trübsal bringt der Toren Umgang,
Toren sind dir recht wie Feinde.
Freude bringt ein weiser Wandrer,
Weise sind wie liebe Freunde.

208. Halte drum den vielerfahrnen,
steten Weisen nie dir ferne.
Der dem Lasttier gleich den Heilsweg
standhaft wandelt, folg' ihm gerne.
Folge seiner edlen Güte,
wie der Mond dem Pfad der Sterne!

16. Kapitel

Was uns lieb ist

209. Wer zerstreut, Betrachtung fliehend,
sorglos kann das Echte meiden,
um den Lüsten nachzujagen,
mag den stillen Denker neiden.

210. Liebes nicht zu schaun, macht Schmerzen,
suche Liebes nicht noch Leides!
Leides schaun macht gleiche Schmerzen.
Sei behutsam. Lasse beides!

211. Laß nichts Liebes dir erwachsen!
Schlimm ist, Liebes zu verlieren.
Hast du Liebes nicht noch Leides,
wirst du nirgends Fesseln spüren.

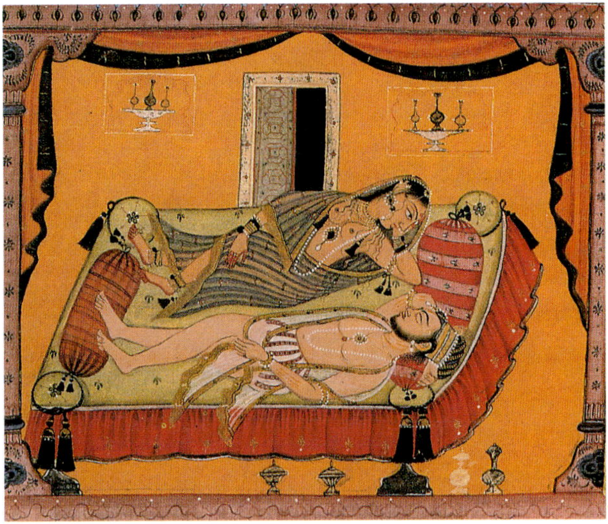

212. Wo du liebst, da keimt die Furcht auch,
was dir lieb ist, wird zum Leiden.
Laß das Liebe! Und du wirst dich
so von Furcht wie Leiden scheiden.

213. Aus der Neigung keimt die Furcht auch,
aus der Neigung keimt das Leiden.
Laß die Neigung! Und du wirst dich
so von Furcht wie Leiden scheiden.

214. Liebeslust erzeugt dir Furcht auch,
aus der Liebeslust sproßt Leiden.
Laß die Lüste! Und du wirst dich
so von Furcht wie Leiden scheiden.

215. Sinnenlust erzeugt dir Furcht auch,
aus der Sinnenlust wächst Leiden.
Laß die Lüste! Und du wirst dich
so von Furcht wie Leiden scheiden.

216. Aus dem Durst erwächst dir Furcht auch,
aus dem Durst erwächst dir Leiden.
Tilg' das Dürsten! Und du wirst dich
so von Furcht wie Leiden scheiden.

217. Wer sich strenger Zucht ergeben,
in der Lehre klarem Schauen,
fromm und wahr und treu den Pflichten:
Ihm wird alles Volk vertrauen.

218. Wer zum Unnennbaren trachtet
und, im Geist davon getroffen,
aller Lüste Fesseln abstreift,
darf auf raschen Aufstieg hoffen.

219. Wer nach langer Trennung glücklich
heimkehrt aus der weiten Ferne,
den begrüßt die Schar der Freunde,
kehrt er wieder, lieb und gerne.

220. Also grüßen und empfangen
den, dem Gutes hier geraten,
wie den lieben Freund die Freunde
drüben seine eignen Taten.

17. Kapitel

Zorn

221. Laß ab vom Zorn, entsage allem Stolze,
wirf ab die Fesseln alle, die dich binden!
Kannst selbst du deinen Geist und Körper missen,
bist du untreffbar, wird kein Leid dich finden.

222. Wer wie einen Wagen, der im
Lauf ist, hemmt die Zorngewalten,
ist ein Wagenlenker, während
andre nur die Zügel halten.

223. Durch Nichtzürnen zwing' den Zorn, den
Bösen durch der Güte Klarheit,
zwing' den Geizhals durch Geschenke
und den Lügner durch die Wahrheit.

224. Laß vom Zorn und sprich die Wahrheit,
gib ein Scherflein jedem Flehen.
Und du wirst auf diesem Dreipfad
zu den lichten Wesen gehen.

225. Weise, die kein Leid bereiten,
die sich selbst in Zügel legen,
wandern zu der ewigen Stätte.
Dort kann sie kein Leid bewegen.

226. Die beständig wachsam bleiben,
Tag und Nacht Erkenntnis mehren,
heiß sich sehnen nach Nirwana,
werden allem Einfluß wehren.

227. Niemals war's in frühren Zeiten,
wie's gepflegt wird fleißig heute:
So den Schweiger wie den Schwätzer
tadelt dreist die Alltagsmeute,
tadelt auch den Wortesparer.
Jeder wird des Tadels Beute.

228. Niemand gab es, niemand gibt es,
auch nicht in der Zukunft Stunden,
der im Leben lauter Tadel
oder lauter Lob gefunden.

229. Wen die Klugen täglich prüfen,
und wen sie dann selig preisen,
wer in Einsicht fest und Tugend,
ihn, den tadelfreien Weisen:

230. Ihn vergleich ich reinstem Golde,
niemand wird ihn schmähn und tadeln.
Selbst die Götter, ja, auch Brahma,
werden durch ihr Lob ihn adeln.

231. Hüte dich vor Zornes Taten,
mach' den Leib zu deinem Knechte.
Meide alle Tatensünden,
tu' mit deinem Leib das Rechte!

232. Hüte dich vor Zornesworten,
mach' das Wort zu deinem Knechte.
Meide alle Zungensünden,
tu' mit Worten stets das Rechte!

233. Hüte dich vor Zorngedanken,
mach' den Geist zu deinem Knechte.
Meide die Gedankensünden,
tu' mit deinem Geist das Rechte.

234. Weise zähmen ihren Körper,
Weise zähmen die Gedanken,
Weise zähmen ihre Worte,
gehn gezähmt in sichern Schranken.

18. Kapitel

Unreinheit

235. Gleichst schon einem welken Blatte,
draußen harrt des Todes Bote,
stehst schon an der Todesschwelle,
und dir fehlt's am Reisebrote.

236. Mach' dich selbst zu einer Leuchte!
Spute dich und werde weise!
Bist du rein von Schmutz, so führt dich
zu den Heiligen deine Reise.

237. Schon zu Ende neigt dein Leben,
und der Tod rührt dich schon leise.
Dieser Weg kennt keine Rast, und
dir fehlt Zehrung für die Reise.

238. Mach' dich selbst zu einer Leuchte!
Spute dich und werde weise!
Rein von Schuld ziehst du nicht weiter
der Geburt, des Alters Gleise.

239. Wie ein Silberschmied das Silber
läutert: läutert, sich zum Preise,
Schritt um Schritt und Stund um Stunde
von dem Schmutz sein Ich der Weise.

240. Rost erzeugt sich aus dem Eisen,
Eisen wird vom Rost zerfressen.
Durch sein eigen Tun geht unter,
wer das Pflichtgesetz vergessen.

241. Gift der Häuslichkeit: bequem sein.
Gift des Lernens: nicht zu üben.
Gift der Schönheit ist die Schlaffheit,
Gift des Wächters: Trägheit lieben.

242. „Schamlos" heißt das Gift der Frauen.
Gift ist, aus Berechnung geben.
Gift, das sind die schlechten Sitten
hier und in dem andern Leben.

243. Ein Gift aber ist das schlimmste
aller Gifte: nicht erkennen.
Tilg' es aus! Dann darfst du freudig
völlig giftbefreit dich nennen.

244. Ohne Scham und ränkesüchtig,
unverschämt und frech wie Krähen,
schadenfroh und niederträchtig,
mag sich's leicht durchs Leben gehen.

245. Aber schamhaft und bescheiden,
reinen Wandels, reinen Strebens,
frei von Gier, bemüht um Wahrheit,
wird nicht leicht der Pfad des Lebens.

246. Wessen Rede voller Lügen,
wer nicht schont das fremde Land,
wer da nimmt, was ihm nicht zukommt,
wer des andern Weib ergeben,

247. wer dem Trunk sich maßlos hingibt
und des Rausches giftiger Flamme,
gräbt schon hier in dieser Welt die
Wurzeln aus am eigenen Stamme.

248. Zügellosigkeit ist Sünde.
Möge dir Erkenntnis strahlen!
Menschensohn! Begier und Fehltat
stürzen dich in lange Qualen.

249. Voll Belieben und Gutdünken
ist das Volk beim Gabenschenken.
Die sich ob der andern Speise
voller Neid und Habsucht kränken,
finden weder tags noch nächtens
je das hohe, reine Denken.

250. Doch wer solchen Neid entwurzelt
und vernichtet alles Kränken,
der wird tags und nächtens finden
wohl das hohe, reine Denken.

251. Keine Flamme gleicht der Gier. Kein
Dämon gleicht des Hasses Zwange.
Der Verblendung gleicht kein Fangnetz.
Gleicht kein Strom dem Durst, dem Drange.

252. Eigne Fehler sieht man schwerlich, nur bei
fremden kommt man leicht zum Ziele.
Fremde Fehler erkennet jeder;
eigne, seiens's noch so viele,
birgt man schlau, wie ein Betrüger
falsche Würfel birgt beim Spiele.

253. Wer nur sieht der andern Fehler
und auf Tadel ausgeht immer,
in dem wird es trüb und trüber,
frei von Einfluß wird er nimmer.

254. In der Luft gibt's keinen Fußpfad,
ordensfern kein Mönch kann gelten,
die Erscheinung freut die Menge;
Heilige sind jenseits der Welten.

255. In der Luft gibt's keinen Fußpfad,
ordensfern kein Mönch kann gelten.
Was Erscheinung, ist nicht ewig;
wandellos sind Buddhahelden.

19. Kapitel

Der Gerechte

256. Willkür führt zu falschem Urteil
und ist nie gerecht zu achten.
Nur die Recht und Unrecht ohne
Willkür zu erkennen trachten

257. und so über andre richten
als die Einsichtsvollen, Weisen,
die das Recht getreulich schützen,
sie nur sind „gerecht“ zu heißen.

258. Nicht durch vieles Wortemachen,
wahrlich, zählst du zu den Weisen.
Wer geduldig, gütig, furchtlos,
ist ein weiser Mann zu heißen.

259. Nicht ob vielen Wortemachens
ist man Kenner schon der Lehre.
Wer die Lehre lebt in Taten,
kennt sie erst in ihrer Hehre.
Mag er sonst auch wenig wissen,
niemals drückt sie ihn voll Schwere.

260. Ob der grauen Haare ist noch
keiner „Ältester“ zu preisen.
Reif bei ihm ist nur das Alter.
„Unnütz alt“ ist er zu heißen.

261. Wer sich selbst beherrscht, voll Wahrheit
wandelt in den Pflichtgesetzen,
weise, makellos und gütig,
ist als Ältester zu schätzen.

262. Nicht durch vieles Wortemachen,
noch durch äußrer Schönheit Prangen,
kann, wer neidisch, trugvoll, karg, den
Ruf als anmutsvoll erlangen.

263. Erst wer dieses Arge konnte
mit der Wurzel von sich trennen,
wer erkenntnisklar und haßfrei,
der ist anmutsvoll zu nennen.

264. Nicht die Haarschur macht Asketen,
wenn sie noch in Lügenbanden
ganz von Gier und Lust gefesselt
ohne Selbstzucht weiterwandeln.

265. Doch wer strebt, sich von dem Bösen,
klein und großem, ganz zu trennen,
weil er los will von dem Bösen,
der ist ein Asket zu nennen.

266. Bettelmönch ist man fürwahr nicht
durch das bloße Bettelngehen.
Dadurch nicht! Nur das sind Mönche,
die die Lehre recht verstehen.

267. Die in heilig reinem Leben
sich von Gut und Böse trennen,
wandelnd durch die Welt beschaulich,
die nur darfst du Mönche nennen.

268. Wer beschränkt und töricht, wird ein
stiller Denker nicht durch Schweigen.
Doch wer weise kürt das Beste
und es abwägt gründlich-eigen

269. und das Böse von sich wirft, ist
Denker. Wer die beiden Welten
denken kann, ist stiller Denker,
muß als stiller Denker gelten.

270. Das ist nicht der Brauch des Edlen,
fremdes Leben zu verletzen.
Schonst du alle Lebewesen,
bist als Edler du zu schätzen.

271. Weder äußre Zucht und Bräuche,
noch die reichsten Wissensschätze,
noch das tiefste Sichversenken,
noch auch lärmverlorne Plätze

272. bringen der Erlösung Wonne,
die ein Weltkind nie gefunden.
Mönch, fühl dich nicht sicher, ehe
du vom Einfluß nicht entbunden.

20. Kapitel

Der Weg

273. Bester Pfad: der achtgeteilte.
Heilige Vier: die beste Wahrheit.
Beste Tat ist die Entsagung.
Bester Mann: wer sieht in Klarheit.

274. Dies der Weg! Kein andrer kann die
Trübung der Erkenntnis lösen,
geht den Weg! Das Weltgetriebe
ist ein Blendwerk nur des Bösen.

275. Wandelt diesen Weg - und alles
Leiden bis zum Grund verschwindet.
Als den Pfeil des Leids ich auszog,
hab ich diesen Weg verkündet.

276. Selbst müßt ihr euch mühn. Die hohen
Meister nur den Weg verkünden.
Wegeskundige Denker werden
sich aus Maras Fesseln winden.

277. Was Erscheinung, ist vergänglich.
Kannst du dieses klar erspähen,
wendest du dich ab vom Leiden,
hast den Läutrungsweg gesehen.

278. Was Erscheinung ist, bringt Leiden.
Kannst du dieses klar erspähen,
wendest du dich ab vom Leiden,
hast den Läutrungsweg gesehen.

279. Was Erscheinung, ist dein Selbst nicht.
Kannst du dieses klar erspähen,
Wendest du dich ab vom Leiden,
hast den Läutrungsweg gesehen.

280. Wer in der Zeit der Frische sich nicht anstrengt,
wer jung und stark der Mattigkeit verfiel,
von schwachem Willen und von trägem Geiste,
für den Erkenntnis niemals wird das Ziel.

281. Hüte dein Wort! Bezähme die Gedanken!
Und mit dem Leibe halt dich rein von
Sünden!
Halt diese Bahnen deines Handelns lauter,
dein ist der Weg dann, den die Weisen
künden.

282. Eifer macht die Weisheit wachsen;
Lässigkeit macht sie verlieren.
Kennst du beide Pfade, die zu
Wachstum oder Welken führen,
mußt du selbst die rechte Straße,
die zum Wachstum leitet, küren.

283. Müßt nicht einen Baum nur fällen:
schlagt den Wald der Lust in Stücke
bis aufs Strauchwerk, wollt ihr wunschlos
sein! Im Wald birgt sich die Tücke.

284. So lang nicht die Begier vom Mann zum Weibe,
und sei's die leiseste, hinweggeschwunden:
Bleibt wie ein saugend Kalb an seiner Mutter
der Geist gefesselt, bleibt der Geist gebunden.

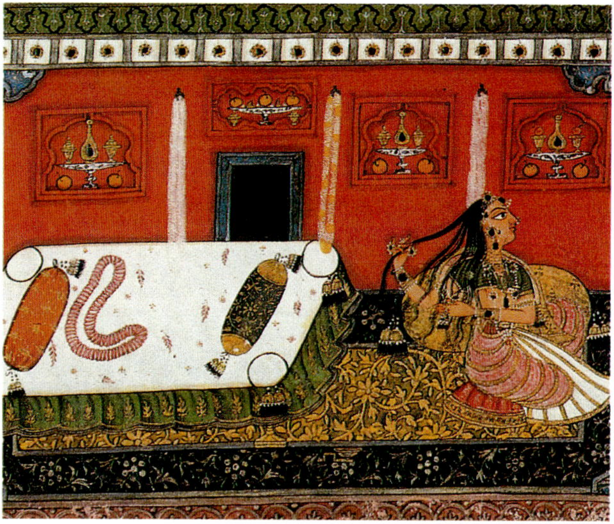

285. Entwurzle jede Ichsucht aus dir selber,
wie Lotos in dem Herbst, mit eignen Händen.
Wandle die Wege, die der Selige zeigte,
die in der Ruhe, im Nirwana enden.

286. „Hier will wohnen ich im Winter:
hier im Sommer; hier im Regen“,
plant der Tor, den Tod vergessend,
der ihm folgt auf allen Wegen.

287. Bist geehrt durch Vieh und Kinder,
an der Weltlust hängt dein Sinnen,
wie ein schlafend Dorf die Sturmflut
rafft der Tod dich stracks von hinnen.

288. Vater, Söhne nicht noch Sippschaft,
keiner kann dir Hilfe senden,
keiner kann dir Schutz gewähren,
wenn der Tod dich hält in Händen.

289. Wer der Wahrheit also kund wird,
weise, sündenabgeschieden,
macht er eilig sich die Bahn frei,
die ihn führt zum Großen Frieden.

21. Kapitel

Allerlei

290. Wenn du, großes Glück vor Augen,
auf ein kleines mußt verzichten,
wirst du klug das kleine lassen
und den Blick aufs große richten.

291. Wer für sich nach Lüsten trachtet,
die dem andern Leiden bringen,
kommt nicht frei vom Band des Hasses,
ist verstrickt in Hassesschlingen.

292. Was man nicht tun soll, das tut man,
was man tun soll, läßt man bleiben!
Das Begehren mehrt sich denen,
die in eitler Unrast treiben.

293. Doch die wachsam auf den Körper,
fest auf ihn ihr Denken richten,
tun nicht das, was man nicht tun soll,
wandeln stets im Kreis der Pflichten,
werden, klaren Denkens, mit der Zeit
das Begehren ganz vernichten.

294. Mocht er einst ein Reich vernichten
und die eignen Eltern morden,
Könige töten - schuldfrei ist er,
wenn ein Heiliger er geworden.

295. Mocht er früher einen Helden
und die eignen Eltern morden,
Heilige töten - schuldfrei ist er,
wenn ein Heiliger er geworden.

296. Allzeit wachsam wachen treulich
stets die Jünger des Erwachten,
die bei Tage und bei Nachtzeit
auf den Buddha stets Bedachten.

297. Allzeit wachsam wachen treulich
stets die Jünger des Erwachten,
die bei Tage und bei Nachtzeit
auf die Lehre stets Bedachten.

298. Allzeit wachsam wachen treulich
stets die Jünger des Erwachten,
die bei Tage und bei Nacht auf
die Gemeinde stets Bedachten.

299. Allzeit wachsam wachen treulich
stets die Jünger des Erwachten,
die bei Tage und bei Nacht auf
ihren Körper stets Bedachten.

300. Allzeit wachsam wachen treulich
stets die Jünger des Erwachten.
die bei Tage und bei Nacht auf
Sanftmut stets Bedachten.

301. Allzeit wachsam wachen treulich
stets die Jünger des Erwachten,
die bei Tage und bei Nachtzeit
auf die Sammlung stets Bedachten.

302. Freudlos ist's, als Mönch zu leben,
Leid durchtränkt des Hauses Wände;
freudlos lebt sich's mit der Hoffart,
freudlos auch von fremder Spende.
Glücklich, wer, ein müder Wandrer,
hat erreicht der Wandrung Ende.

303. Wer, geschmückt mit innerem Reichtum,
pflichttreu nach der Tugend trachtet,
kommt er hierhin oder dorthin,
überall ist er geachtet.

304. Gute leuchten schon von ferne,
wie die verschneiten Bergeshöhen;
Schlechte aber sind wie Pfeile,
die man nachts schießt, nicht zu sehen.

305. Einsam, ohne nachzulassen,
bändigend so Wunsch wie Wille,
einsam sitzend, einsam liegend
komm' zur Ruh in tiefer Stille!

22. Kapitel

Niedere Welten

306. Wer seine eigne böse Tat verleugnet,
gleich so der Lügner fährt zu niedern Welten.
Es wartet beider nach dem Tode Gleiches,
die Werke taten, die für schlechte gelten.

307. Wild und schamlos sind gar viele,
ob sie gleich für Mönche gelten.
Ihre eignen Missetaten
führen sie zu niedern Welten.

308. Tugendlosen wär es besser,
glühend Eisen zu verzehren,
als sich bettelnd von des Landes
milden Gaben frech zu nähren.

309. Vier Dinge ernten, die zuchtlosen Sinnes
auf's Weib des andern ihr Begehren stellten:
die Schuld, sodann ein ruheloses Lager,
zum dritten Schmach, und endlich niedre Welten.

310. Mit Schuld befleckt, gewiß der niedern Welten,
kommt Ehebrechern im Genuß schon Grauen.
Auch droht hienieden noch des Richters Strafe.
Laß deine Augen von den fremden Frauen!

311. Scharfer Grashalm, falsch ergriffen,
kann dir flugs die Hand zerschneiden.
Falsch ergriffene Askese
kann zum Pfad nach abwärts leiten.

312. Keck gebrochene Gelübde,
Lässigkeit in ernsten Dingen,
Keuschheit voller Schwanken - werden
schwerlich große Früchte bringen.

313. Leiste männlich, was die Pflicht heischt,
geh' ans Werk mit Kraft und Stärke!
Schlaffer Pilger rührt nur weiter
auf den Staub der bösen Werke.

بضربات متعاقب و نقرات متوالی بنواخت

314. Besser ungetan das Böse!
Hinterdrein muß Reue quälen.
Besser schnell getan das Gute!
Hinterdrein muß Qual uns fehlen.

315. Innen wohl bewahrt und außen
steht die Grenzburg in dem Reiche.
Keinen Augenblick versäume,
wahr dich selbst, der Grenzburg gleiche!
Wer die Zeit versäumt, fährt abwärts
in die qualdurchbebten Reiche.

316. Wer sich schämt, wo keine Ursach',
und, wo Scham am Platze wäre,
nicht sich schämt, der wandelt abwärts,
ist verstrickt in falsche Lehre.

317. Wer sich scheut, wo keine Ursach',
und, wo Scheu am Platze wäre,
nicht sich scheut, der wandelt abwärts,
ist verstrickt in falsche Lehre.

318. Siehst du Fehltat, wo sie nicht ist,
und, wo sie erkennbar wäre,
siehst du keine - gehst du abwärts,
bist verstrickt in falsche Lehre.

319. Kannst du aber recht erkennen,
rechter Lehre ganz ergeben,
was Nichtsünde ist und was Sünde,
muß dein Pfad dich aufwärts heben.

23. Kapitel

Der Elefant

320. Wie der Elefant den Pfeil erduldet,
der ihn trifft im Kampfgedränge,
so will ich den Schimpf ertragen.
Niedrig denkt ja stets die Menge.

321. Den zahmen Elefant besteigt der Herrscher,
den zahmen Elefant führt man in Schlachten.
Sieh’, das sind die besten Menschen,
die bezähmt den Schimpf verachten.

322. Gut ist ein gezähmtes Maultier,
gut das Roß, das rassefeste,
der Elefant vom edlen Stamme.
Wer sich selbst zähmt, ist der Beste.

323. Kommst ja nicht auf diesen Tieren
zu den unbetretnen Landen.
Dahin, dahin kannst du kommen,
hältst du selbst dich fest in Banden.

324. Der Elefant, genannt der Schätzehüter,
triefend vom Saft der Brunst und schwer zu halten,
genießt gebunden auch nicht einen Bissen,
denkt an des Heimatlandes wildes Walten.

325. Wer fett ist und dem Essen ganz ergeben,
sich auf dem Lager wälzt, in Schlaf verloren,
der gleicht dem Schwein, das sich von Treber mästet.
Der arme Narr wird endlos neugeboren.

326. Einst schweifte rings mein Geist, ein seichter Wandrer,
wohin sein Wunsch, die Lust ihn sandten.
Jetzt werd ich gründlich bändigen ihn und zähmen,
wie Führer einen brünstigen Elefanten.

327. Wachet über die Gedanken,
freut am Streben euch, am steten!
Wie der Elefant sich aus dem Sumpfe,
rettet selbst euch aus den Nöten!

328. Hast auf dem Weg du einen Freund gefunden,
der gleichen Weg geht, redlich, klug und weise:
Wandre mit ihm und geht zusammen vorwärts.
Bewältigt die Gefahren! Glück zur Reise!

329. Hast auf dem Weg du keinen Freund gefunden,
der gleichen Weg geht, redlich, klug und weise:
Wandre allein, ein landesflüchtiger König,
ein Elefant im Wald, die Lebensreise.

330. Besser ist's, allein zu wandern,
als mit Törichten gemeinsam,
genügsam wie ein Elefant im Walde,
Böses meidend, wandre einsam!

331. Glück, wenn's nottut, sind Gefährten;
Glück, einander zu genügen;
Glück im Tod die guten Taten;
Glück, den Kummer zu besiegen.

332. Lieblich sind die Mutterfreuden;
Vater sein ist Glück hienieden;
Glück umblüht den Stand des Mönches;
Priestern auch ist Glück beschieden.

333. Glück ist Tugend bis ins Alter;
Glück, im Glauben fest zu stehen;
Glück der Anblick der Erkenntnis;
Glück, dem Fehl vorbeizugehen.

24. Kapitel

Der Durst

334. Es wächst der Durst gleichsam wie ein
Schlinggewächs
beim Menschen, der nicht achtsam ist im
Wandern,
dem Affen gleich, der Früchte sucht im Wald,
rennt er von einem Dasein zu dem andern.

335. Wen des Lebens Durst bewältigt
in den Welten weit und weiter,
gleich dem Gras, das üppig wuchert,
wächst ihm Sorge breit und breiter.

336. Wer des Lebens Durst bewältigt,
dessen Quell so schwer zu stopfen,
von dem gleiten ab die Sorgen
wie vom Lotosblatt die Tropfen.

337. Laßt ein heilsam Wort euch künden,
euch Versammelten ein Leiter:
Grabt dem Durste aus die Wurzeln,
grabt, als wären's Wucherkräuter!
Daß nicht, wie der Fluß das Rohr, der
Tod euch breche immer weiter.

338. Ein Baum, selbst abgehaun, wächst immer
wieder,
solang' die Wurzel fest und unversehrt ist.
So kehrt das Leid hinieden immer wieder,
solang' zum Durst die Neigung nicht
zerstört ist.

339. Mächtig ist der Durst nach Lüsten,
ist ein Strom aus vielen Quellen.
Sein Begehren und sein Wünschen
ziehn den Toren fort wie Wellen.

340. Allerwegen fließen Ströme,
ziehn des Schlingkrauts gierige Ranken.
Seht ihr's wachsen - bei der Wurzel
reißt es aus mit den Gedanken!

341. Maßlos, wie Ströme fließen, durstverbunden,
strömt Lust um Lust der Menschheit durch
die Glieder.
In Lust versunken, nach Genüssen gierend,
Geburt und Alter sieht sie immer wieder.

342. Von Durst getrieben, rennen die Geschöpfe
hierhin und dorthin wie gehetzte Hasen.
Umschnürt von Fesseln und von Banden treiben
sie immer wieder auf den Leidensstraßen.

343. Von Durst getrieben, rennen die Geschöpfe
hierhin und dorthin, wie gehetzte Hasen.
Drum willst du frei sein von den Leidenschaften,
treib' aus den Durst, verbanne all sein Rasen!

344. Wer, dem Wald der Lust entronnen,
umkehrt zu dem Waldeskessel -
Seht den Toren! Frei geworden
rennt er wieder in die Fessel.

345. Die Weisen wissen: das sind schwache Fesseln,
346. aus Holz bereitet, Eisen oder Tauen.
Die Sorge, die an Kleinod und Geschmeide
sich klammert, an die Kinder, an die Frauen:
Die Weisen wissen, das sind starke Fesseln,
die weich, doch schwer zu lösen, niederziehen.
Wer sie zerbrach, das Wünschen und Genießen
aufgibt, hat freie Bahn: die Sorgen fliehen.

347. Wer lustgefesselt folgt dem Strom - wie Spinnen
rennt er im eignen Netze auf und nieder.
Zerreiß' das Band und wandle hin als Weiser!
Und Leid und Sorge kehren niemals wieder.

348. Gib auf, was vorne und was in der Mitte
und hinten liegt, willst du ins Jenseits gehn!
Entbinde ganz den Geist - und du wirst in Zukunft
durch Alter nicht, nicht durch Geburt vergehn.

349. So dich voll Unrast die Gedanken hetzen,
du gierig nach Genüssen wirfst die Blicke,
muß dir der Durst nur immer größer werden.
Der Durst schafft deine Fesseln: starke Stricke.

350. Doch schaust du achtsam das unreine Wesen,
und spürst des ruhgestillten Denkers Freuden,
muß dir das Dürsten ganz von selbst erlöschen.
Des Todes Fessel wirst du selbst zerschneiden.

351. Ohne Fürchten, ganz vollendet
frei von Durst und Sinnenfäule,
dieses ist dein letzter Körper,
du zerbrachst des Daseins Pfeile.

352. Wer von Durst befreit und Neigung,
aufnahm alle meine Worte,
weilt in seinem letzten Körper,
steht hoch in der Weisheit Horte.

353. Bezwungen hab ich alles und verstanden,
in allen Dingen fleckenlos in Ehren,
allem entsagend, frei, dem Durst entronnen,
klar durch mich selber. Kommt, ich will
euch lehren!

354. Der Wahrheit Gabe ist die höchste Gabe,
der Wahrheit Freude obsiegt allen Freuden.
Höchster Genuß ist der Genuß der Wahrheit.
Erlischt der Durst, entfliehen alle Leiden.

355. Die Genüsse töten Toren,
töten nicht den Jenseitswandrer.
Durch die Lustgier trifft sich selbst der
Tor, als töte ihn ein Andrer.

356. Wird durch Gras das Feld verdorben,
wird durch Lust der Mensch verdorben.
Willst du Heil, gedenke derer,
die den Lüsten abgestorben.

357. Wird das Feld durch Gras verdorben,
wird der Mensch durch Haß verdorben.
Willst du Heil, gedenke derer,
die dem Hasse abgestorben.

358. Wird das Feld durch Gras verdorben,
wird durch Wahn der Mensch verdorben.
Willst du Heil, gedenke derer,
die dem Wahne abgestorben.

359. Wird das Feld durch Gras verdorben,
wird vom Wunsch der Mensch verdorben.
Willst du Heil, gedenke derer,
die den Wünschen abgestorben.

25. Kapitel

Der Mönch

360. Zügle, was die Augen sehen,
zähme, was ins Ohr geklungen.
Zähme den Geruch der Nase,
zügle den Geschmack der Zungen.

361. Gut ist alle Selbstbeherrschung,
sei's im Reden, sei's im Denken,
sei's im Handeln. Gut ist, alle
Dinge selbstbeherrscht zu lenken.
Hast du selbst dich fest im Zügel,
wird kein Leid dich jemals kränken.

362. Ich nenne Mönche, die sowohl Hände,
Füße und
die Rede auch beherrschen, selbst sich
leiten,
in strenger Obhut, sich am Denken freuen,
heiter, zufrieden in den Einsamkeiten.

363. Wer den Mund bezähmt, daß mäßig
ohne Stolz die Rede fließe,
wer den Sinn klärt und die Lehre,
dessen Rede ist gar süße.

364. Wessen Wohnung das Gesetz ist,
wer sich freut an seiner Hehre,
allzeit des Gesetzes denkend,
bleibt auch treu der rechten Lehre.

365. Vorteil sollst zu hoch nicht schätzen,
nicht auf andre neidisch blicken.
Niemals kann dich rechte Sammlung,
bist du neidbeseelt, erquicken.

366. Wer als Mönch die schmalste Gabe
nicht verschmäht und, schnell genesen,
reinen Wandels lebt, den Wandrer
preisen selbst die lichten Wesen.

367. Wer am Körpergeistgetriebe
nicht mehr findet sein Ergötzen,
wer sich nicht betrübt ums Nichtige,
ist als wahrer Mönch zu schätzen.

368. Wer stets Güte übt, des Buddha
Lehre liebt und nicht mehr hastet,
kommt zur selig-stillen Stätte,
wo all Tun in Ruhe rastet.

369. Schöpf es aus, dies Schiff des Daseins!
Leer geschöpft wird's leichter gehen.
Wer so Haß wie Lust beseitigt,
wird den ewigen Frieden sehen.

370. Schneide durch die Fessel, tu' sie
von dir, die dich fünffach kettet!
Bist der Fessel du entledigt,
heißt du: aus dem Strom gerettet.

371. Sei achtsam und der Sammlung stets ergeben!
Laß deinen Geist von Sinnenlust sich trennen.
Verschluck' nicht unbedacht ein glühend
Eisen,
daß nicht hernach dich schlimme Schmerzen
brennen.

372. Sammlung fehlt dem Einsichtslosen;
Einsicht fehlt dem Sammlungsmüden.
Hast du Sammlung, hast du Einsicht,
bist du nah dem ewigen Frieden.

373. Gehst du in die leere Stätte,
still in deines Geistes Klarheit,
fühlst du überirdische Wonne,
schaust du ganz die selige Wahrheit.

374. Siehst du aller Daseinsformen
so Entstehen wie Vergehen,
überkommt dich heitre Freude
derer, die das Ewige sehen.

375. Dieses sei der edle Anfang
auf dem Wege; sei zufrieden!
Hüte deine Sinne! Was die
Lehre vorschreibt, sei gemieden!
Halte dich an reine Freunde,
die der Schlaffheit abgeschieden.

376. Reine Güte sei dein Wesen.
Handle nach den Pflichtgesetzen!
Und du wirst in edler Freude
allem Leid ein Ende setzen.

377. Wie vom Jasmin mit großen Blumen
fallen welke Blätter ab,
so laß du die Lüste fahren,
laß von Haß und Gier du ab.

378. Wer beruhigt Worte, Werke
und Gedanken, auch Verlangen
nach der Welt sich streng entledigt,
wird den Frieden rasch erlangen.

379. Durch sich selber muß sich jeder
selber spornen und erkennen.
Achtsam, durch sich selbst behütet
wird er Glück sein eigen nennen.

380. Nur das Selbst ist Herr des Selbstes,
ist sein eigner Hort und Schützer.
Halte drum dein Selbst im Zügel,
wie das Roß zähmt der Besitzer!

381. Hat dich in des Meisters Lehre
heitre Ruhe licht umfangen,
gehst du froh zur stillen Stätte,
wo all Tun zur Ruh gegangen.

382. Wer als Jüngling schon des Buddha
Lehre folgt in allen Dingen,
wie der Mond, der wolkenlose,
wird er Licht auf Erden bringen.

26. Kapitel

Der Geistliche

383. Schneid' ab den Strom mit allen Kräften,
verbanne das Begehren weit!
Entschwanden dir die Daseinskeime,
verstehst du die Unendlichkeit.

384. Kannst in allen Freiheitsdingen
beide Seiten du ermessen,
gehst im Licht du der Erkenntnis,
bist du frei von allen Fesseln.

385. Die kein Ufer hier und dorten,
Gutes nicht und Böses kennen,
die von Furcht und Fessel ledig,
will ich wahrhaft geistlich nennen.

عمل بهزاد

386. Geistlich mag sich jeder nennen,
der begehrlos, treu in Pflichten,
rein, in edler Geistessammlung
schon genaht dem Ziel, dem lichten.

387. Heilige strahlen in Versenkung,
Krieger in dem Waffentanze,
licht am Tage strahlt die Sonne,
strahlt der Mond die Nacht, die ganze.
Doch der Buddha strahlt beständig
Tag und Nacht in seinem Glanze.

388. Wer Böses mied im Geiste, der ist geistlich,
ein Kämpfer ist, wer strebt auf rechten Bahnen,
ein Weltentsager, wer dem Seelenschmutze
mit ganzem Sinn vermochte abzusagen.

389. Schlagt nicht Geistliche! Wer geistlich,
wehr' sich nicht der Sündenknechte!
Weh, wer Heilige angreift! Wehe,
wer als Geistlicher sich rächte!

390. Das bringt dem Geistlichen wohl etwas
Nutzen,
läßt er von Sünde nicht den Geist verlocken;
sinnt er nicht mehr auf eines Wesens Schaden,
Dann ruhn die Schmerzen, und die Leiden
stocken.

391. Geistlich mag sich jeder nennen,
der in Worten und Gedanken
und in Taten ohne Fehltritt,
wer sich achtsam hält in Schranken.

392. Wie sie der Erwachte lehrte,
hast du sie erkannt, die Lehren.
Priestern gleich beim Opferfeuer
sollst du sorglich sie verehren.

393. Geistlich wirst du nicht von Haartracht,
von Geburt nicht noch Geschlechte.
Rein bist du, und wahrhaft geistlich,
wohnt in dir das wahre Echte.

394. Tor, was soll dir deine Haartracht,
was soll das Gewand der Priester?
Nur das Äußere pflegst du; innen
bist du wirr wie Waldesdüster.

395. Die will Geistliche ich nennen,
die im Walde Sammlung sinnen,
hager, ganz bedeckt mit Adern
und gehüllt in grobe Linnen.

396. Niemand nenn' ich geistlich, mochte
edler Schoß ihn auch gebären:
Stolz nennt er sich geistlich, während
Hab und Güter ihn beschweren.
Geistlich nenn' ich, die hienieden
nichts besitzen, nichts begehren.

397. Die will gern ich geistlich heißen,
die nicht mehr in Ängsten schweben,
die zerbrochen alle Fesseln,
weltgelöst in Freiheit leben.

398. Auf, zerschnitten Strang und Riemen!
Riegel auf, ihr Schlaferwachten!
Sprengtet ihr die dumpfen Schranken,
will ich euch als geistlich achten.

399. Geistlicher soll immer heißen,
wer erträgt des Kerkers Schwere,
Schimpf und Schläge ruhig hinnimmt,
ob er gleich voll Unschuld wäre.
Die Geduld ist seine Stärke,
und die Kraft sind seine Heere.

400. Wer nicht zürnt, treu den Gelübden,
tugendstark und ohn Begehren,
achtsam weilt im letzten Körper,
den will ich als geistlich ehren.

401. Hafte nicht an Lüsten wie das
Senfkorn nicht an spitzer Nadel,
Wasser nicht am Lotosblatte:
und du bist von Geistesadel.

402. Die das Ende ihrer Leiden
schon hienieden klar erkennen,
ganz entfesselt, last-entledigt,
die will ich gern geistlich nennen.

403. Einsichtsstarke, die den rechten
und den falschen Weg erkennen
und das höchste Endziel schauen,
die will ich gern geistlich nennen.

404. Geistlich will ich jeden heißen,
der, von Laien abgeschieden
und Asketen, heimlos wandert,
mit dem wenigsten zufrieden.

405. Töte nicht und laß nicht töten!
Wirst kein Wesen du versehren,
ob es stark sei oder schwach sei,
will ich dich als geistlich ehren.

406. Geistlich will ich jeden nennen,
der bei Feinden selbst nicht feind ist,
gierlos unter Gierbeseelten,
mild, wenn Harten er vereint ist.

407. Fällt von dir der Hochmut wie das
Senfkorn von der spitzen Nadel,
fallen Haß und Zorn und Heucheln:
ast du wahren Geistesadel.

408. Kannst die Menschen du belehren
wahren Wortes ohne Schelten,
ohne Andere zu kränken:
kannst als Geistlicher du gelten.

409. Geistlich will ich jeden nennen,
der ihm nicht gegebene Dinge
niemals nimmt, ob lang, ob kurz sie,
klein und groß, gut und geringe.

410. Geistlich will ich jeden nennen,
dem sich keine Wünsche regen,
nicht fürs Diesseits, noch fürs Jenseits,
der ganz frei ist allerwegen.

411. Geistlich will ich jeden heißen,
der in Sehnsucht nicht mehr schmachtet,
durch Erkenntnis zweifelsledig
in des Ewigen Tiefe trachtet.

412. Geistlich will ich jeden nennen,
der von Sorg und Lust entbunden,
der dem Bösen wie dem Guten,
beiden Fesseln sich entwunden.

413. Geistlich will ich jeden heißen,
der, dem Mond gleich, rein und helle,
heiter ist und ohne Trübung,
der getilgt der Lüste Quelle.

414. Geistlich will ich jeden heißen,
der in Ruh weilt, weltentbunden,
der den schweren Wanderweg, den
Sumpf der Torheit überwunden.
Und den Pfad zum andern Ufer
wunschfrei, zweifelfrei gefunden.

415. Geistlich will ich jeden heißen,
der ohn Haus und Heimatstelle
wandert, allem Wunsch entsagend,
der getilgt der Wünsche Quelle.

416. Geistlich will ich jeden nennen,
der ohn Haus und Heimatstelle
wandert, aller Gier entsagend,
wer getilgt der Giersucht Quelle.

417. Geistlich will ich gern dich nennen,
hast Entbindung du gefunden,
hält mit Menschen, selbst mit Göttern
nichts, rein nichts dich mehr verbunden.

418. Geistlich will ich jeden nennen,
der von Kälte ganz durchdrungen
ohne Keim zu neuem Dasein
Welt und Lust und Leid bezwungen.

419. Die Entstehen und Vergehen
aller Wesen klar erkennen,
wunschlos, selig und erleuchtet,
will ich alle geistlich nennen.

420. Dessen Pfade Menschen, Geister
und auch Götter nicht erkennen,
ihn, den Meister ohne Wünsche,
will ich gerne geistlich nennen.

421. Geistlich will ich alle nennen,
die nichts haben, nichts begehren,
denen keine Güter hinten,
mitten oder vorn gehören.

422. Ihn, den mannhaft edlen Sieger,
ihn den Held, den großen Weisen,
gierlos aufgewacht, vollendet,
will ich allzeit geistlich heißen.

423. Die all ihre frühere Wohnung,
niedre, lichte Welten kennen,
der Geburten Rest erreichten;
die in höchster Weisheit brennen,
den Vollendungsgipfel grüßen:
will ich alle geistlich nennen.

Gautama Buddha lebte von etwa 560 bis 480 v. Chr. in Nordostindien. Seine Lehren sind in Pāli, einem mittelindischen Idiom, überliefert. Im Kanon der Texte des ursprünglichen Buddhismus ist das Dhammapada eine Hauptquelle buddhistischer Ethik.

Das berühmte Lehrgedicht mit seinen 423 metrisch gebundenen Versen gilt als das schönste Werk altindischer Spruchpoesie.

Die vorliegende Ausgabe basiert auf der einzigartigen Nachdichtung von Hans Much, die 1920 erstmals im Adolf Saal Verlag veröffentlicht wurde. Sie erschließt dem Leser nicht nur die genaue Aussage des Urtextes, sondern überträgt zugleich die Metrik der Weisheitssprüche in eingängliche Verse von großer Schönheit.

Ohne Inhalt und Form zu verändern, wurde der Text der Erstausgabe behutsam dem heutigen Verständnis angeglichen.

Seite

2, 3 Motiv aus einer Palmblatt-Handschrift: Das Parinirwana des Buddha; frühes 12. Jh.

11 Der Liebende (Krishna) erwartet die Geliebte; um 1755

13 Motiv aus „Rasamañjarî“, einer Sammlung „erbaulicher Geschichten“ des Dichters Bhânudatta: Nähe des Geliebten; um 1695

18 Spät abends die Heimkehr des Gatten erwartend; um 1570

25 Râgmâla-Miniatur (Darstellung eines musikalischen Motivs): Schaukel am Mangobaum; um 1585

28 Morgens öffnen sich die Lotosblüten; um 1665

32 Frohes Genießen im Pavillion; um 1620

37 Das andere Ufer (Ausschnitt); um 1725

40 Der Fürst besucht den Heiligen; um 1635

43 Miniatur aus dem „Râmâyana“: Bei den Einsiedlern im Walde; um 1778

46 Miniatur aus dem „Akbar Nama“: Ein Fest in Akbars Haus; um 1605

51 Miniatur aus dem „Devi Mahatmya“: Die schreckliche (und zugleich liebreiche) Göttin Kali greift an; um 1740

55 Ein Mord geschieht; um 1600

60 Miniatur aus der Erzählung „Vom Geist der Freundschaft“: Häusliche Szene; 1603

65 Ein Unwetter naht; um 1755

69 Krishna stützt den Berg Govardhân, um sein Volk gegen die Stürme Indras zu schützen; um 1690

70 Buddha Ratnasambhava – der Buddha des Südens; Thangka-Motiv; 13. Jh.

75 Buddha mit der Almosenschale inmitten der 35 Buddhas der Sündenbekenntnis; Thangka-Motiv, 19. Jh.

Schöne EDITION HERDER Bücher

Feinsinnige chassidische Geschichten nacherzählt von Martin Buber.

Die Geschichten des Rabbi Nachman
Nacherzählt von Martin Buber

120 Seiten mit 38 Illustrationen und farbigen Miniaturen, Papp. lam.,
ISBN 3-451-22674-X

Szenen und Szenen und Reflexionen des jungen Dichters am Rande der Wüste und in der Toscana, ein Hymnus an das Leben, das Licht und die Sonne.

Albert Camus
Freude des Lichts

80 Seiten mit 19 Farbfotografien, Papp. lam.,
ISBN 3-451-22673-1

Das unterhaltsame und kenntnisreiche Buch vom Glück – für alle, denen man „Viel Glück" wünscht.

Sybil Gräfin Schönfeldt
Viel Glück
Von Glückwünschen, Glücksbringern und Glückssymbolen.

120 Seiten mit zahlreichen farbigen Illustrationen, Papp. lam.,
ISBN 3-451-22671-5

In allen Buchhandlungen erhältlich.

HERDER